UNIVERSITÉ DE GAND

RECUEIL DE TRAVAUX

PUBLIÉS PAR

LA FACULTÉ DE PHILOSOPHIE ET LETTRES

6ᵉ FASCICULE

ROBERT LE BOUGRE

PREMIER INQUISITEUR GÉNÉRAL EN FRANCE

(Première moitié du XIIIᵉ siècle)

PAR

JULES FREDERICHS

Professeur à l'Athénée royal d'Ostende

GAND

LIBRAIRIE CLEMM (H. ENGELCKE SUCCESSEUR)

RUE DE LA CALANDRE, 5

1892

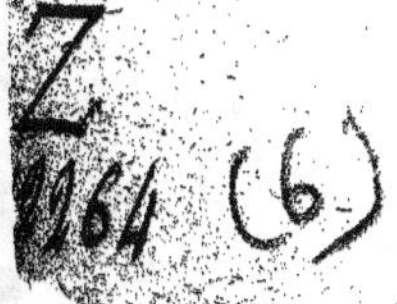

ROBERT LE BOUGRE

PREMIER INQUISITEUR GÉNÉRAL EN FRANCE

(Première moitié du XIIIᵉ siècle)

PAR

JULES FREDERICHS
Professeur à l'Athénée royal d'Ostende

GAND

LIBRAIRIE CLEMM (H. ENGELCKE SUCCESSEUR)

RUE DE LA CALANDRE, 5

1892

RECUEIL DE TRAVAUX

PUBLIÉS PAR LA FACULTÉ DE PHILOSOPHIE ET LETTRES
DE L'UNIVERSITÉ DE GAND.

EXTRAIT DU RÈGLEMENT.

Les travaux des professeurs, maîtres de conférences et chargés de cours seront publiés sous la responsabilité personnelle de leurs auteurs.

Ceux des élèves et anciens élèves seront publiés en vertu d'une décision de la Faculté.

ROBERT LE BOUGRE,

PREMIER INQUISITEUR GÉNÉRAL EN FRANCE.

La vie du premier inquisiteur général *in regno Franciae* n'a fait jusqu'ici l'objet d'aucune étude spéciale. C. Schmidt, dans son *Histoire et doctrine de la secte des Cathares ou Albigeois* [1], ouvrage qui, de l'avis unanime des spécialistes, est encore loin d'être démodé, et H. Ch. Lea, dans son excellente *History of the Inquisition of the Middle Ages* [2], sont les seuls historiens qui aient consacré, dans ces travaux généraux, quelques pages à Robert le Bougre [3].

Nous leurs savons gré d'avoir rassemblé toutes les sources désirables pour l'étude du sujet qui nous occupe [4]. Nous n'aurons plus qu'à les utiliser. Toutefois, il est regrettable qu'eux-mêmes n'aient pas tiré de ces sources tout le parti possible ; on peut même dire que plus d'une fois ils les ont

---

1) 2 vol. Paris et Genève, 1849.

2) 3 vol. New-York, 1888.

3) Ulysse Chevalier, dans son *Répertoire des sources du Moyen Age*, ne cite pas même l'inquisiteur Robert le Bougre.

4) Un grand nombre de ces sources ont été publiées dans le tome I du *Corpus documentorum Inquisitionis Neerlandicae* de M. le prof. Paul Fredericq et ses élèves (Gand et La Haye, 1889).

interprétées avec peu de soin et d'une façon superficielle. En effet, ils ont négligé de démêler et de déterminer les diverses tournées inquisitoriales de Robert, d'en dresser l'itinéraire, d'en fixer les dates exactes, d'en faire ressortir les caractères différents, de faire la part des périodes d'action et des périodes de repos qui se succèdent dans sa carrière Combinant les renseignements divers fournis par des sources différentes, sans tenir compte suffisamment de la chronologie, négligeant d'établir les rapports qui pouvaient exister entre les bulles d'investiture et les tournées de Robert, ils ont été amenés forcément à commettre plus d'un anachronisme.

Ajoutons à cela que deux interprétations de dates fournies par Waitz et Holder-Egger, dans leurs éditions de deux de nos sources dans les *Monumenta Germaniae historica*, nous ont paru absolument erronées. Ce sont les recherches faites dans le but de redresser ces deux erreurs, qui ont été le point de départ du présent travail, au cours duquel nous en avons relevé plusieurs autres dans Schmidt et Lea.

Nous ne connaissons que quelques épisodes de la vie de Robert le Bougre, notamment ses tournées inquisitoriales dans le centre et le nord de la France depuis 1232 environ jusqu'en 1239. Nous savons aussi qu'il avait apostasié auparavant vers 1215 et était rentré dans le giron de l'Église vers 1232. Mais nous ignorons absolument quelle fut son origine, quand et où il faut placer l'année et le lieu de sa naissance, et sur sa mort nous ne possédons que des données très obscures. D'ailleurs, même pour les faits connus de sa vie, nous en sommes généralement réduits à discuter sur les quelques lignes qu'y consacrent les rares sources du temps.

I.

A l'époque du «Grand Concile», c'est-à-dire du quatrième concile œcuménique de Latran de 1215, Robert, qui était peut-être déjà dans les ordres, mais peu vraisemblablement dominicain [1], abandonna l'Église Romaine (*apostavit*) pour suivre à Milan une jeune hérétique Cathare (*mulierculam manicheam*) et il devint lui-même un adhérent de cette secte [2]. C'est de là que lui est resté son surnom de *Bougre*, nom qu'on donnait généralement au moyen âge aux Cathares et à tous les hérétiques en général [3].

Robert vécut une vingtaine d'années [4] en parfait Cathare, après quoi il abjura ses erreurs et se fit dominicain. Il se mit alors à dénoncer ses anciens frères, qu'un long commerce avec eux lui permettait de reconnaître aisément à leurs discours et à leurs gestes.

Le pape, qui était à cette époque un fougueux vieillard, Grégoire IX, ne manqua pas d'utiliser incontinent un aide aussi précieux. Aussi le voyons-nous dès 1232 (ou environ) désigner le frère Robert aux fonctions d'inquisiteur. Deux bulles papales, datées du 13 [5] et du 19 [6] avril 1233, et qui renferment quelques allusions à des évènements antérieurs, sont les seules sources que nous possédions sur les premières tournées inquisitoriales du frère Robert. Nous y puisons les détails suivants.

---

1) L'ordre des frères prêcheurs ne fut créé que vers 1215 et reconnu l'année suivante par le Saint-Siège.

2) Chronique d'Albéric de Trois-Fontaines, dans les MG, SS, t. XXIII, p. 940 (P. Fredericq, *Corpus*, t. I, p. 97, *note*).

3) Le mot *Cathare* vient de καθαρός (= pur). De là le mot allemand *ketzer* et le mot flamand *ketter* (= hérétique). Les hérétiques de ce nom étaient originaires de la Bulgarie ou *Bougrie* (comme l'appelle entre autres Villehardouin); de là leur nom de *Bougres*. Cette dernière épithète s'appliquait aussi aux sodomites.

4) Dix ans, selon Philippe Mousket, *Chronique rimée*, vers 28873-28886. — Cette chronique a été publiée par le Baron de Reiffenberg, dans la *Collection des chroniques belges*, et en partie par Holder-Egger dans les MG, SS, t. XXVI. — Mousket semble dire aussi que Robert ne se fit Cathare que pour apprendre à connaître ces hérétiques. Le récit plus formel d'Albéric nous empêche d'ajouter foi à cette insinuation.

5) Percin, *Monumenta conventus Tolosani ordinis fratrum praedicatorum*, t. III, p. 92 (P. Fredericq, p. 89-90).

6) Ripoll, *Bullarium ordinis fratrum praedicatorum*, t. I, p. 45, n° 70 (P. Fredericq, p. 91-93).

8

Vers 1232, le pape publia une bulle, dont le texte ne nous est p..s parvenu, et par laquelle il chargeait le prieur des dominicains de Besançon et les frères Wallerius et Robert de l'inquisition en Bourgogne [1] et leur donnait dans ce but certaines instructions (*sub certa forma ; juxta priorum continentiam literarum*). Cette mission inquisitoriale semble ne pas avoir été de longue durée. En 1233 nous rencontrons déjà Robert en dehors de la Bourgogne. Une grande hérésie sévissait dans la ville de La Charité-sur-Loire, située dans l'évêché d'Auxerre (archevêché de Sens) [2]. Déjà Étienne, prieur de l'abbaye de Cluny, s'était mis en devoir de combattre le fléau. Le pape s'empressa de le recommander au roi de France, qui était à cette époque Saint-Louis (probablement pour que celui-ci lui envoyât des troupes, selon la mode du temps) ; mais il lui ordonna en même temps de lui adjoindre le frère Robert, qui venait de faire ses preuves. Les deux inquisiteurs reçurent l'ordre de livrer les hérétiques aux juges séculiers, lesquels devaient leur infliger les supplices qu'ils méritaient [3]. Raynaldus, un des continuateurs des *Annales ecclesiastici* de Baronius, en citant ces faits, ne nous a pas conservé le texte de la bulle du pape au roi, qu'il a eue probablement sous les yeux. Ce qu'il nous en dit, suffit toutefois pour nous permettre de compléter la bulle à Robert dans ce qu'elle peut avoir de mal défini pour nous.

Robert, dans son ardeur de reconverti, mena vigoureusement sa nouvelle campagne Il commença par y prêcher la foi, comme faisaient tous les inquisiteurs au début d'une *inquisitio*, dans le but de ramener au bercail les brebis égarées (*praedicans doctrinam catholicam ut redirent ad catholi-*

------

1) La *Burgondia* formait encore à cette époque un état indépendant entre la *Francia* et l'*Alemania*.

2) Cette ville était un vieux foyer d'hérésie. Voyez Schmidt, t. I, p. 362-365.

3) Raynaldus, *Annales ecclesiastici*, 1233, n° 59 et Brémond, annotateur de Ripoll, t. I, p. 45, *note*. Lea (t. II, p. 114) en conclut que le prieur Étienne avait échoué dans ses tentatives.

cam unitatem). Ses sermons eurent un effet prodigieux. Beaucoup d'hérétiques s'empressèrent de se convertir, dévoilèrent les erreurs qui leur étaient prêchées par leurs docteurs dans des conventicules et dénoncèrent leurs coreligionnaires : le père livra son fils ou sa femme, le fils son père, la femme ses enfants, son mari ou ses proches, et d'eux-mêmes les hérétiques s'offraient à Robert, portant au cou des chaînes ou des carcans (*immissis nexibus ligneis sive vinculis spontanea voluntate circa colla*), s'administrant de la sorte à eux-mêmes et par anticipation les peines que l'Église leur réservait. Mais le gros de l'armée hérétique lui échappait. Il apprit que les Cathares pourchassés fuyaient vers les régions voisines et que de la sorte l'hérésie avait déjà contaminé tout l'archevêché de Sens, ainsi que ceux de Bourges, de Rouen et de Tours, toute la Flandre et beaucoup d'autres endroits environnants en France.

Il n'était pas possible d'arrêter cette contagion par la persuasion. Il fallait sévir. Aussi Robert écrivit-il au pape pour lui exposer la situation et probablement pour lui demander le droit d'appliquer les décrets des conciles dans toute leur rigueur contre cette légion d'hérétiques. Le texte précis de cette lettre nous est inconnu; mais Grégoire IX en rappelle les termes dans sa bulle du 19 avril 1233.

Les prédications du frère Robert, qui précédèrent l'envoi de sa lettre au pape, ont dû avoir lieu dans les premiers mois de 1233. Le 13 avril Grégoire IX a déjà pris ses mesures. Ce même jour il fait savoir aux évêques de France qu'il a chargé les dominicains des fonctions d'inquisiteurs dans ce pays et dans les provinces voisines, parce que « les soucis de leurs multiples occupations permettent à peine aux évêques de respirer » [1]. Le même jour encore, le pape a dû envoyer au

---

1) L'évêque de Liège, Jean II de Rumigny, se plaint dans une lettre du 6 août 1229, adressée au prieur des dominicains d'Allemagne, de ce que l'embarras des affaires l'empêche de veiller au maintien de la foi dans son diocèse. Cf. P. Fredericq, p. 74.

prieur des dominicains en France une bulle lui annonçant cette décision [1]. Toutefois il s'est réservé, semble-t-il, le droit de désigner les inquisiteurs qui seraient envoyés vers les foyers les plus dangereux de l'hérésie. Dans les diocèses de Toulouse et de Cahors son légat nomma Pierre Cella de Toulouse et Arnauld de Montpellier [2]. Au frère Robert, qu'il félicite chaleureusement de ses succès, il ordonne, par la bulle du 19 avril, d'extirper l'hérésie à La Charité et *convicinis regionibus*. Nous pouvons entendre par là les régions citées plus haut. Il s'adjoindra dans ce but ses deux collègues de Bourgogne ou l'un d'eux seulement, se conformera aux instructions reçues jadis (*juxta priorum continentiam literarum*), s'aidera du conseil des évêques et fera au besoin appel au bras séculier. Il usera de la censure ecclésiastique, de l'excommunication et de l'interdit. Il pourra réconcilier les repentants avec l'Église, d'accord avec les évêques. Tous ceux qui assisteront aux sermons des inquisiteurs ou qui leur viendront en aide, gagneront vingt jours d'indulgences Le pape envoyait en même temps au frère Robert les statuts qu'il avait publiés au mois de février 1233 contre les hérétiques convertis en apparence, mais qui au fond persistent dans leurs erreurs.

C'est dans ces conditions que furent installés *in regno Franciae* les premiers inquisiteurs apostoliques. Le pape en installe aussi dans les autres pays de la chrétienté vers la même époque [3].

---

1) Le texte de cette bulle nous est également inconnu; mais il y est fait allusion dans la bulle du 13 avril 1233, ainsi que dans celles du 1er et du 4 février 1234, que nous rencontrerons plus loin (*fratribus scripta direximus* et *literis priori provinciali destinatis*).

2) Ce fait ne nous est connu que par quelques lignes de la Chronique du frère Guillaume Pelisson, publiée par Molinier (1880), p. 13. Cf. Lea, t. II, p. 8. — Par ses bulles des 19 et 21 avril 1233, le pape avait fait connaître spécialement qu'il chargeait les dominicains de l'inquisition dans le midi de la France.

3) Seul Conrad de Marbourg, premier inquisiteur *in Alemania*, a exercé plus tôt ses fonctions. Dès 1227, nous voyons le pape lui adresser des félicitations de ce chef (Ripoll, t. I, p. 20. Cf. P. Fredericq, p. 72). Il lui donne le titre de *praedicator verbi Dei* et lui confère le droit de nommer ses assesseurs. Conrad semble ne pas avoir été dominicain. Cf. Lea, t. II, p. 3o5.

On voit par là combien est erronée cette assertion de quantité d'historiens, que l'inquisition fut instituée au concile de Latran en 1215 : les statuts de ce concile [1] ne renferment rien de pareil et ce n'est pas Innocent III, mais Grégoire IX, qui doit être considéré comme le véritable organisateur de l'inquisition papale.

Le frère Robert ne fut pas dès 1233 inquisiteur général *in regno Franciae*. Nous venons de voir en effet que dans le midi d'autres inquisiteurs furent nommés en même temps. Nous en trouvons encore une autre preuve dans les bulles du pape des 1er et 4 février 1234, où il déclare qu'il a chargé le frère Robert de l'inquisition, mais uniquement dans les provinces infectées.

Lorsque Robert eut reçu la bulle du pape, il se mit immédiatement en devoir d'exécuter ses ordres. Fort de l'appui du roi de France, il poursuivit les hérétiques de La Charité-sur-Loire avec la dernière rigueur. Assisté de l'archevêque de Sens [2], il en envoya un grand nombre au bûcher, comme nous le rapporte le contemporain Philippe Mousket [3].

Nous croyons pouvoir affirmer avec certitude qu'avant la réception de la dite bulle, Robert ne persécuta pas les hérétiques à La Charité. Les vers de Mousket sont concluants à cet égard :

> Ardoir en fist assez en oire
> Droit a la Carite sur Loire
> Par le commant de lapostole (= pape)
> Qui li ot enjoint par estole (= epistole = lettre).

Le zèle de Robert fut si grand qu'il alarma l'archevêque de Sens et d'autres prélats, tout au moins l'archevêque de Reims [4], lesquels, voyant de mauvais œil tout leur pouvoir en matière d'hérésie passer aux mains des dominicains, pro-

---

1) Voir P. Fredericq, p. 67-68.
2) Vers 28883-28887.
3) Vers 28877.
4) Dont le territoire touchait à celui de l'archevêché de Sens.

testèrent auprès du pape contre cet empiètement sur leurs droits. Leurs lettres sont perdues, mais nous en retrouvons des traces dans les bulles que Grégoire IX adresse aux deux prélats cités plus haut le 1er et le 4 février 1234 [1] et par lesquelles il leur annonce qu'il révoque la bulle adressée par lui au prieur des dominicains en France et relative à l'investiture d'inquisiteurs, au moins pour ce qui concerne leur province.

La bulle du pape est assez adroitement tournée. Il n'est jamais entré dans ses intentions, dit-il, de permettre aux inquisiteurs de se rendre dans des régions non infectées, *et si forte contrarius fuerit subsecutus eventus, credimus quod ignara occupatio fecerit vel dolosa subreptio procurarit*; et comme les provinces de Sens et de Reims ont toujours été pures de toute hérésie, il révoque sa bulle au prieur des dominicains. En même temps le pape engage les archevêques prénommés à veiller eux-mêmes sur les hérétiques avec sollicitude et il ne manque pas de leur recommander les services des dominicains qui sont des spécialistes en la matière.

Le pape écrivit aussi au frère Robert et à ses *socii*, leur enjoignant de cesser leurs poursuites (*coepto negotio*). Nous en trouvons la preuve dans les bulles des 21, 22 et 23 août 1235, que nous étudierons plus loin.

Donc, le pape ordonne à ses inquisiteurs d'interrompre leur besogne au moment même où il déclare que l'hérésie ne règne pas dans les pays où ils travaillent. Grégoire IX, qui n'était pas homme à reculer devant une protestation, s'est visiblement trouvé à ce moment dans une situation critique. Il cède; mais il sait qu'il cède à tort et que les raisons alléguées par les archevêques dans leurs lettres pour se débarrasser des inquisiteurs papaux sont fausses. Aussi brûle-t-il du désir de faire rentrer ces prélats dans l'obéissance et c'est dès le mois d'août 1235 que sa colère éclate [2].

---

1) Varin, *Archives administratives de Reims*, t. I, II, p. 573-574. (P. Fredericq, pp. 94-95 et Ripoll, t. I, p. 66.)

2) Ripoll, t. I, p. 80-81, nos 137, 138 et 139. (P. Fredericq, p. 100-102, où se trouvent la première et la troisième bulle.)

Écoutez l'entrée en matière des bulles, adressées au prieur (le 21 août) et au frère Robert (le 23 août) : chaque mot a sa portée, dans chacun perce une ironie amère et un ressentiment mal contenu. Quelle différence avec le style mielleux de la bulle de 1234 ! « Dudum ad *aliquorum murmur*, qui non *patiebantur*, te aut fratres tuos in partibus Gallicanis ... procedere, quae, *ut aiebant*, de haeresi non fuerint infamatae... ».

Le pape dit qu'il a appris depuis sa bulle de 1234, que l'hérésie régnait non seulement dans les archevêchés de Sens et de Reims, mais dans toute la France (*universis regni Francie partibus*) et que c'est pour ce motif qu'il rétablit l'inquisition papale. La raison alléguée ici n'est qu'un moyen de masquer sa défaite antérieure. Les prélats ne s'y seront pas trompés : le *coepto negotio supersederitis* se trouve d'ailleurs dans la bulle même qu'il leur adresse le 22 août. Le style y est beaucoup plus modéré que dans les autres bulles, ce qui prouve une fois de plus qu'en 1234 Grégoire IX n'avait agi qu'à contre-cœur. Pas d'allusion au *murmur*, rien de désobligeant ; mais un ordre intimé aux archevêques d'appliquer les décrets du concile de Latran de commun accord avec les inquisiteurs et de fournir à ceux-ci « conseil, aide et faveur ».

Cette fois Grégoire IX a reconquis son empire et les archevêques doivent plier. Le prieur est à nouveau chargé de nommer des dominicains aux fonctions d'inquisiteurs dans le royaume de France, mais le pape désigne encore cette fois l'inquisiteur principal, laissant au prieur le droit de choisir ses assesseurs.

Cet inquisiteur, c'est le frère Robert ; et le pape, pour mieux montrer son triomphe sur les archévêques, leur annonce dans sa bulle le choix qu'il vient de faire. Nul ne pouvait leur déplaire davantage.

Robert reçut l'ordre de poursuivre les hérétiques dans toute la France (*per universum regnum Franciae*), où il lui plaisait (*passim*), s'aidant des conseils des prélats et des moines. C'est ainsi que porte la bulle du 21 août 1235. Celle du 23 porte

14

plus expressément : *per Senonensem, Remensem* [1] *et alias* (= *ceteras*) *provincias regni Franciae passim*. Nous pouvons considérer le frère Robert comme le premier inquisiteur général *in regno Franciae* [2]. Tous les archevêques de France reçurent probablement communication de cette décision du pape [3].

II.

Robert, qui se trouvait peut-être encore à la Charité-sur-Loire, se remit vite à l'œuvre. Il se dirigea vers le nord. La première ville où nous le recontrons, est Châlons-sur-Marne. Là furent livrés aux flammes en sa présence et en présence du chancelier de Paris, maître Philippe, plusieurs hérétiques, parmi lesquels le barbier Arnould [4].

De là il se rendit vers l'ouest. A Péronne, il condamna au bûcher Robert de Lauwin [5], Mahieu de Lauwin, Pieron Malkasin et les femmes des deux derniers [6]. Le lendemain quatre seigneurs subirent le même supplice à Élincourt [7].

---

1) Dans l'original on lit *Semen*. Ripoll propose de lire *Cemen[ium]*. Il est clair qu'il faut lire *Remen[sem]*. Voir P. Fredericq, p. 101, note.

2) Bzovius (*Annales ecclesiastici*, t. I, p. 407, n° 13) l'avait déjà considéré comme tel. Choquet (*Sancti Belgii ordinis praedicatorum* etc., p. 268-272) le copia, mais changea la date en 1238.

3) Lea affirme que Robert poursuivit des hérétiques à Saint-Pierre le Moutier, près La Charité, au mois de Juin 1234. Le compte du prévôt de Saint-Pierre porte uniquement un poste de dépenses pour la *garde* des hérétiques, qui étaient restés prisonniers depuis la suspension de la commission de Robert ou dont le procès était instruit par l'évêque d'Auxerre (Dom Bouquet, *Recueil des historiens des Gaules et de la France*, t. XXII, p. 570). Les bulles du pape sont catégoriques : Robert resta inactif depuis le mois de février 1234 jusqu'au mois d'août 1235.

4) Alb. Triumf. p. 936 (P. Fredericq, p. 638).

5) Ou *Lauvin*, village près de Douai. Et non *Lanvin*, ni *Lanuin*.

6) Mousket, v. 28882.

7) Village du canton de Clary (arrondissement de Cambrai). Mousket, v. 28894, où on lit : *Heldincourt*. Lea voit dans ce mot *Houdaincourt* ou

Baudouin, le fils de Malkasin, s'était enfui à Valenciennes, mais il fut rattrapé et transféré à Cambrai, où Robert se rendit alors [1]. La fille de Mahieu de Lauwin, qui avait épousé un chevalier, avait été également arrêtée. Elle se trouvait en état de grossesse, fut grâciée par la reine de France et enfermée dans un couvent [2].

A Cambrai Robert fit de nouvelles victimes. Le roi de France lui envoya des troupes pour le protéger et l'évêque de Cambrai, Godefroid de Fontaines, en reçut également [3]. Albéric de Trois-Fontaines nous rapporte que dans cette ville furent brûlés vifs une sorcière et une vingtaine d'autres hérétiques. Philippe Mousket nous cite par le menu quelques-uns de ces malheureux. Parmi ceux qui furent condamnés au bûcher (il en compte vingt) [4], il cite trois échevins, deux frères de Mastaing (ville près de Bouchain) et la même sorcière (herbière) [5] qu'il appelle *Aelais* et qu'Albéric appelle *Alaydis*. C'était déjà une vieille femme, au dire de ce dernier [6]; on la croyait fort pieuse et généreuse outre mesure. Pour mieux capter la faveur populaire elle avait un jour offert de l'argent à un crieur de vin pour qu'il remplaçât son cri de : « *Vinum bonum, vinum optimum, vinum pretiosum* » par « *Deum pium, Deum misericordem, Deum bonum et optimum* » et elle le suivit par toute la ville, s'écriant : « *Bene dicit, verum dicit* ».

---

plutôt *Houdancourt*, entre Compiègne et Senlis, donc bien au sud de Péronne. De Reiffenberg y voit *Héloincourt*. Avec Holder-Egger nous aimons mieux lire *Élincourt*; ce village se trouve en effet entre Pé-ronne et Cambrai, où le frère Robert se rend par après.

1) Mousket, v. 28895.
2) Id. v. 28909-10.
3) Id. v. 28912-28916.
4) Id. v. 28956.
5) Id. v. 28938.
6) Mousket lui donne « plus de 40 ans », Le même chroniqueur dit qu' « elle faisoit Dieu barbe de fuere », expression reprise avec succès par La Fontaine.

Nous ignorons si tous ces malheureux périrent le même jour. C'est toutefois plus que probable. Dès l'origine, l'inquisition eut ses auto-da-fé. Nous trouvons d'autre part dans Mousket la preuve qu'il y eut un auto-da-fé à Cambrai. L'archevêque de Reims (Henri) et ses suffragants de Tournai (Watier), d'Arras (Asson) et de Noyon (Nicolas) assistèrent aux interrogatoires préliminaires, *furent a l'enquisicion* [1] et peut-être aussi à l'exécution. Mousket nous apprend que cette cérémonie eut lieu *le jour de grant quaresme* [2], c'est-à-dire le premier dimanche du carême (*quadragesima* ou *dominica Invocavit*), qui en l'année 1236 tombait le 17 février. Holder-Egger verse certainement dans une erreur manifeste, quand il imprime dans ses annotations : « 25 février ». La Quadragésime tomba ce jour-là en 1235. Mais à cette époque Robert n'était pas encore dans le nord de la France. La suite d'ailleurs corroborera encore mieux notre façon de voir.

Ce ne furent pas là les seules victimes de Robert à Cambrai. Albéric [3] nous dit que vingt-un hérétiques furent condamnés à la réclusion perpétuelle [4]. Mousket [5] ne parle que de dix-huit emprisonnés ; mais trois femmes, qui avaient aussi été arrêtées, abjurèrent et furent simplement « ensignies », c'est-à-dire condamnées à porter un signe (une croix par exemple) sur les habits. Ces détails sont plus précis que ceux d'Albéric. Mousket était d'ailleurs mieux à même d'être bien informé. Nous adoptons en conséquence la version de ce dernier.

Robert répandait la terreur dans tous les endroits qu'il visitait. Nous en trouvons une preuve évidente dans l'histoire d'un hérétique de Cambrai, appelé Gilles le Bougre, qui, pour échapper au bûcher, voulut se faire passer pour fou. Thomas

---

1) Vers 28958-28961.
2) Vers 28957.
3) Page 936 (P. Fredericq, p. 638-639).
4) Voir notre *Excursus* I à la fin de ce travail.
5) Vers 28964-28967 (P. Fredericq, p. 96).

de Cantimpré, dans son intéressant *Liber apum* [1], nous raconte
une anecdote merveilleuse à ce sujet. Gilles se fit garotter par
ses amis et conduire dans une église. Ce qu'ayant appris, un
clerc, possédé du démon, se rendit la nuit suivante dans cette
même église, entassa autour de l'hérétique des tapis et des
bancs et y mit le feu. Aux cris du malheureux, les gardiens
se réveillèrent et accoururent pour le sauver ; mais le clerc,
tirant une épée, les tint à distance et laissa périr l'hérétique
dans les flammes. La justice divine étant satisfaite, le clerc fut
délivré du diable.

De Cambrai Robert se rendit à Douai, emmenant avec lui
un certain nombre d'hérétiques non encore jugés (*Et s'* [= *si*]
en eust menes a Dowai). Dans cette dernière ville, plusieurs
hérétiques étaient déjà arrêtés (*U* [= *où*] *pris en avoit*).
Quinze jours après l'auto-da-fé de Cambrai, nous assistons à
Douai à un spectacle du même genre. Dix vieillards des deux
sexes y furent brûlés vifs le 2 mars 1236 [2], hors de la porte
des Oliviers sur le chemin des lépreux, qui conduit à Lambres
(à l'ouest de Douai) [3]. L'archevêque de Reims et ses suffragants d'Arras et de Tournai [4], ainsi que la comtesse de Flandre Jeanne de Constantinople [5], assistèrent à cette grande
exécution [6].

Les *Notae Sancti Amati Duacenses* ou *liber argenteus* de
cette église, placent cet évènement « *anno* 1235 (v. s.), 2ª *die
mensis Martij, quae dies fuit dominica die* ». Buzelin, en

---

1) C. 57, p. 68 (P. Fredericq, p. 105).

2) Mousket, v. 28980.

3) *Notae Sancti Amati Duacenses*, MG, SS, t. XXIV, p. 30.

4) Et non celui d'Amiens, comme l'a ajouté Buzelin, *Gallo-Flandria
sacra et profana*, p. 256 (P. Fredericq, p. 98).

5) Schmidt dit : « le comte Jean de Flandre » ! (t. I, p, 365).

6) Citons pour mémoire relativement aux exécutions de Cambrai et
de Douai ce court passage des *Annales de Lobbes :* « MCCXXXV. Hoc anno
inventi sunt Bogri apud Cameracum et Duacum et combusti sunt. »
(P. Fredericq, p. 95.) — Sur les premières persécutions entreprises ou
secondées par les comtes de Flandre, voir mon article : *De ketterver-
volgingen van Philips van den Elzas* (*Nederlandsch Museum*, 1890).

copiant cette indication, écrivit : « 1234, 2ª *die mensis Maij* ».
Cette fausse date a été reprise dans d'autres ouvrages [1].

Choquet [2] copia mieux la date, mais y ajouta : « quae fuit
Dominica quinquagesima ». Or, en réalité, le 2 mars était le
dimanche d'*Oculi* La Quinquagésime avait d'ailleurs précédé
de huit jours l'auto-da-fé de Cambrai.

Enfin Waitz, dans ses annotations, dit : « Anno 1235 dies
4 Martii fuit dominica ». Par là, il semble insinuer que l'au-
teur des *Notae* est en désaccord avec le calendrier. Il s'est au
contraire laissé induire lui-même en erreur en ne tenant pas
compte de l'emploi du vieux style : la date des *Notae* est parfaitement exacte [3].

Les hommes et les femmes de Douai qui se convertirent,
furent rasés et condamnés à porter une croix sur la poitrine
et sur le dos :

> Qui furent bien haut roegnié,
> Devant et derrière croissié [4].

Quelques uns furent condamnés à la réclusion perpétuelle :

> Et si en fist on enmurer
> Pour repentir et pour durer [5].

Au dire d'Albéric, plus de trente hérétiques périrent dans
les flammes à Douai et dans les endroits environnants. Ces

---

1) Buzelin, *Annales Gallo-Flandriae*, p. 270 (P. Fredericq, p. 98);
Schmidt, t. I, p. 365 ; etc. (Cf. P. Fredericq, p. 639, *note*.)

2) L. c.

3) Cette date est d'ailleurs énoncée d'une façon si péremptoire qu'on
ne peut un instant en révoquer l'exactitude en doute. La comparaison de
cette date avec la bulle d'investiture de Robert (23 août 1235) nous donne
d'autre part une nouvelle preuve de la présence de Robert à Cambrai le
17 février 1236 et non en 1235, comme le pensent Holder-Egger et Lea,
lequel place tous ces évènements avant la publication de la bulle. Celle-ci
n'aurait dans de pareilles conditions plus de raison d'être.

4) Mousket, v. 28984-28985.

5) Mousket, v. 28986-28987.

endroits ne peuvent être que Lille et les trois villages d'Ascq,
Lers [1] et Toufflers, situés entre cette ville et la frontière actuelle
de la Belgique, et où, d'après le récit de Mousket, le frère
Robert condamna encore au bûcher et à la réclusion perpétuelle plusieurs hérétiques [2]. Les gens arrêtés à Lille furent
surtout des marchands, voyageant de foire en foire. A cette
tournée inquisitoriale Mousket rattache une histoire bien
obscure et que nous avons vainement essayé de débrouiller.
Nous en laissons suivre ici le texte :

Et a Lille ot pris marceans
De fieste en fleste ades esrans.
Robiers i fu de le Galie [3]
Pris, retenus a cele fie.
Mais Dameldieux [4] len delivra
Quil moult doucement en pria,
Quar il avoit preudhom este,
Mais les femes avoit ame.
Pour une dame de Melans [5]
Li fu frere Robiers nuisans.
Et dist quencor le conparroit
Et son pais sil i venoit.
Robiers le fri del espervier [6]
Qui puissedi compra moult cier [7].
Envoiies en fu en escil
Droit en Constantinoble ensi.

---

1) Et non *Flers* (situé aussi près de Lille), comme le pensent de
Reiffenberg et Holder-Egger.

2) Mousket, v. 29006.

3) Robert de la Galère (note de Reiffenberg, qui considère *la Galère*
comme une enseigne).

4) La Dame de Dieu, Notre-Dame, la Vierge.

5) S'agit-il ici de la jeune hérétique que Robert suivit à Milan ? Mais
Mousket en a déjà parlé aux vers 28873-28876 de sa chronique.

6) Reiffenberg voit dans ce Robert un nouveau personnage, ayant
pour enseigne *l'Épervier*. « Versus quem non intelligo », dit Holder-Egger.

7) Qui depuis lui coûta fort cher.

En somme, il semble que Robert, pendant sa tournée dans le nord, depuis Châlons jusqu'à Lille, a immolé une cinquantaine d'hérétiques des deux sexes et condamné vingt à trente autres à la réclusion perpétuelle. Cette tournée n'a pas dû lui prendre beaucoup de temps. Matthieu Paris [1] nous dit que, dans l'espace de deux ou trois mois, il fit brûler ou emprisonner environ cinquante personnes ; ce qui est parfaitement admissible.

Robert séjourna probablement une couple d'années dans le nord de la France, notamment dans le comté de Flandre. Albéric nous dit en termes vagues qu'« en 1236 » (donc après le 30 mars de cette année, jour de Pâques), notre inquisiteur brûla des hérétiques par toute la Gaule [2]. D'autre part, Matthieu Paris, à l'année 1238, raconte qu'aidé par le bras séculier et subsidié par le roi de France, il condamna au bûcher quantité d'hérétiques en Flandre, qui de plus étaient coupables de pratiquer l'usure [3].

Le frère Robert doit avoir exercé aussi ses fonctions dans le territoire de l'évêché d'Arras, comme le déclare d'ailleurs Choquet (l. c.). Nous en trouvons la preuve dans une lettre ouverte de l'évêque Asson du mois d'avril 1244, dans laquelle il rappelle que Robert avait sommé à diverses reprises certain Henri Hukedieu de comparaître devant lui pour se disculper des hérésies qu'on lui imputait, et que, n'ayant pas vu venir l'hérétique en question, il l'avait excommunié avec tous ses adhérents. Cet évènement a dû se passer dans un coin quelconque du diocèse et non à Arras même, car l'évêque ne l'a appris que par ses curés [4].

L'époque à laquelle il remonte, est certainement antérieure de beaucoup à 1244 car nous retrouvons Robert en 1239 dans les environs de Châlons-sur-Marne, au fort de Mont-

---

1) P. Fredericq, p. 97.
2) Page 940.
3) P. Fredericq, p. 112.
4) P. Fredericq, p. 115-116.

Wimer (aujourd'hui Mont-Aimé) [1], qui déjà depuis longtemps était un grand foyer d'hérésie [2].

III.

Le terrible dominicain s'y surpassa. En un jour, le vendredi 13 mai 1239 (*ante pentecosten sexta feria*), il y livra aux flammes 183 Cathares [3] en présence de Thibaut de Champagne, roi de Navarre, des barons de la Champagne et d'une foule d'archevêques, d'évêques, d'élus, d'abbés, de prieurs et de doyens. Un nombre encore plus grand de prélats, cités par Albéric, avaient suivi *l'examinatio* à tour de rôle comme en 1236 à Cambrai. Le concours de monde qu'attira l'auto-da-fé, fut énorme. Albéric l'évalue à 700,000 personnes. C'est là encore un des mutiples exemples de l'exagération des chiffres chez ces hommes du moyen âge, qui voyaient tout en grand.

Le chef des Cathares de Mont-Wimer portait le titre d'archevêque *de Moranis*. Pour échapper aux poursuites de l'inquisition et en même temps pour ne pas mentir à leurs théories, qui rejetaient une foule d'institutions catholiques, ils avaient donné à plusieurs vieilles femmes de leur secte les noms de Sainte Marie, Sainte Église, Loi Romaine, Saint Baptême, Mariage, Communion, etc., et quand on les interrogeait sur leur foi, ils répondaient : « Je crois tout ce que croit la Sainte Église ou la loi Romaine, etc. » [4]

Avant de monter au bûcher l'archevêque de Moranis

---

1) Près de Vertus (arrondissement de Châlons). Mousket l'appelle Mont-Huimer au vers 29630 et Étienne de Beaulieu, *Mons Hismerus* (Quétif et Echard, *Scriptores ord. fratr. praed.*, t. I, p. 190).

2) Voyez la lettre adressée par le chapitre de Liège, *sede vacante*, en 1145 (entre le mois de mars et le 12 mai) au pape Luce II (P. Fredericq, p. 32-33). Lea, t. I, p. 219, date érronément cette lettre de 1144. — Déjà avant cette époque l'hérésie y avait pris racine. Cf. Schmidt, t. I, p. 32.

3) Albéric, p. 944-945.

4) Vers la même époque, en 1231, on avait découvert à Trèves des hérétiques employant un système analogue : ils donnaient à leur pape

donna à ses coreligionnaires le *consolamentum* (cérémonie cathare, consistant en une imposition des mains et qui purifiait de tout péché ceux qui s'y soumettaient), en disant : « Vos omnes salvi eritis per manus meas absoluti ; ego solus damnatus sum, quia superiorem, qui me absolvat, non habeo [1]. »

Parmi les victimes se trouvait un certain Théodebald, fils d'une mère cathare, appelée Albéréa, laquelle, peu de temps auparavant, avait été également brûlée vive. Étienne de Beaulieu a appris ce fait de la bouche de Théodebald et de ceux-là même qui avaient jugé Albéréa et que malheureusement il ne cite pas [2].

Une autre victime de l'auto-da-fé de Mont-Wimer déclara qu'un vendredi elle avait été transportée jusqu'à Milan par la puissance du diable pour servir celui-ci à une table de Bougres, et que le diable prit sa place auprès de son mari [3]. Albéric, qui raconte ce détail merveilleux, nous signale encore une autre légende sur l'origine de l'hérésie cathare de Mont-Wimer : Fortunatus Manicheus, que Saint Augustin chassa d'Afrique, serait venu en Champagne et aurait converti à son hérésie le prince des voleurs Widomarus, qui se tenait caché dans la montagne avec les siens et depuis ce moment il ne manqua jamais d'hérétiques dans ces parages. C'était là l'opinion courante, telle qu'on la rapporta à Robert [4].

Robert ne se montra clément qu'envers une vieille abbesse, Gisèle de Pruino (de Pruvino ? = Provins), parce qu'elle promit de faire encore des révélations [5].

Nous avons dit, plus haut, sur le témoignage d'Albéric, que le nombre des victimes de Mont-Wimer fut de 183.

---

et à leurs évêques les mêmes noms que portaient le pape et les évêques de l'Église romaine. cf. Mansi, *Concilia*, t. XXIII, p. 241 (P. Fredericq, p. 81-82).

1) Albéric, *l. c.*
2) Étienne de Beaulieu, *l . c.*
3) Albéric, *l. c.*
4) Sur cette légende, voyez Schmidt, tome I, p. 32.
5) Albéric, *l. c.*

Albéric fut témoin oculaire de cette épouvantable exécution et il donne un chiffre précis. Un autre témoin oculaire, Étienne de Beaulieu, en a compté environ 180 [1]. Jean, chanoine régulier de Saint-Victor, donne le même nombre [2]. Enfin Mousket parle de 187 hérétiques brûlés. Mais peut-être ici vij n'est-il qu'une mauvaise lecture pour iij [3]. De plus son témoignage en cet endroit n'a pas la valeur de celui d'Albéric.

Nous lisons chez Lea (t. II, p. 116) « que le frère Robert brûla en 1239 un certain nombre d'hérétiques à Montmorillon en Vienne et 27, d'autres disent 183, à Mont-Wimer. » En réalité, Robert ne mit jamais les pieds à Montmorillon et aucun chroniqueur ne parle des 27 victimes de Mont-Wimer. Voici la cause de sa double erreur.

Geoffroi de Collone, chroniqueur peu estimé d'ailleurs, nous dit [4] : « 1239. Multi haeretici cremati per Robertum apud Moimerillon » et il ajoute qu'à la même époque une foule de chiens et d'oiseaux, venus de toutes parts, se rencontrèrent à cet endroit, que tous ces chiens s'entre-déchirèrent et que les oiseaux en firent autant. Or, Albéric, Étienne et Jean de Saint-Victor nous rapportent tous les trois un fait absolument analogue, pour ce qui concerne les chiens tout au moins (la légende en arrivant jusqu'à Geoffroi y aura ajouté un carnage d'oiseaux), et ils placent cet évènement à Mont-Wimer avant le supplice des hérétiques, qu'il sembla en quelque sorte prophétiser, selon Albéric. Ce simple détail prouve bien que Montmorillon est une fausse lecture pour Mont-Wimer.

Quant au nombre 27, Lea a tout simplement mal lu ce vers de Mousket :

Neuf xx et vij en i ot ars,

c'est-à-dire : il y en eut neuf-vingt (= 180) et sept de brûlés.

---

1) Quétif, t. I, p. 190. A la même page nous lisons dans un autre extrait du même chroniqueur qu'il y eut plus de lxxx victimes. Il faut certainement lire plus de clxxx.

2) Quétif, *l. c.*

3) Vers 30525-30536.

4) Dom Bouquet, *Recueil des historiens des Gaules*, t. XXII, p. 3.

IV.

Matthieu Paris est, à notre connaissance, le seul des chroniqueurs contemporains arrivés jusqu'à nous, qui ait raconté en termes catégoriques la fin de l'inquisiteur Robert. Il abusa, dit-il, de son pouvoir et dépassa les limites de la modestie et de la justice, semant partout la terreur et confondant dans ses jugements sanguinaires les coupables et les innocents. Le pape le suspendit de ses fonctions ; puis, quand il fut mieux instruit sur les fautes de Robert, « *quas melius aestimo reticere quam explicare* », il le condamna à la détention perpétuelle [1].

Raynaldus copie Matthieu Paris. Wadding, dans ses *Annales Minorum*, fait de même [2]. Spondanus, un autre continuateur de Baronius, se basant sur le même passage, imprime dans ses *Annales* que Robert fut emprisonné en 1238 (ce qui est inacceptable) et mourut l'année suivante.

Schmidt et Lea ont aussi suivi la version de Matthieu Paris ; Lea ajoute qu'en 1238 une enquête fut ouverte par Grégoire IX pour établir la culpabilité de Robert. On peut déduire du récit de Matthieu Paris que le pape se livra à une enquête. Quant à la date, Lea l'a visiblement empruntée à la fausse indication de Spondanus. L'enquête fut certainement postérieure au supplice des Cathares de Mont-Wimer.

Comme bien on pense, les dominicains n'ont pas manqué de défendre cette illustration de leur ordre contre l'infamie dont l'accuse Matthieu Paris. Le frère Brémond, qui annota le bullaire de Ripoll (1729), proteste vivement contre cette tradition et fait mourir Robert au couvent de Saint-Jacques [3] à Paris

---

1) *Ad annum* 1238. P. Fredericq, p. 112.

2) *Ad annum* 1239, n° 3.

3) C'est du nom de ce couvent qu'est venu le nom de *Jacobins*, porté aussi par les dominicains. Ce même cloître a donné leur nom aux Jacobins de la Révolution qui y avaient installé leur club.

en 1235 « ut liquet », ajoute-t-il effrontément, « ex priscis mo-
numentis ejusdem conventus ». Si ces *monumenta* existaient
réellement, ils ne devaient certes pas briller par leur exactitude
et nous pouvons, sans plus ample discussion, retourner contre
le frère Brémond son exclamation finale : « Explodas ergo
fabulam sine capite [1]. »

Un autre dominicain, le frère Choquet, obéissant aux
mêmes sentiments, avait déjà cherché un siècle auparavant
(1618) un autre moyen de sauver la réputation du frère Robert [2]. Bzovius, également continuateur de Baronius, se basant
sur les récits de Guillaume de Pélisson, Guillaume de Puy-
Laurens et autres chroniqueurs contemporains, raconte que le
29 mai 1242, deux inquisiteurs et leurs compagnons furent
assassinés à Avignonnet et que, vers la même époque, six
dominicains furent égorgés à Toulouse à l'instigation du comte
Raymond VII [3] ; il cite leurs noms et parmi eux figure un
« frater Robertus » [4]. Le compilateur, non plus que ses
sources, ne fournissent pas de plus amples renseignements
sur ce personnage. Ce qui n'a pas empêché Choquet d'y reconnaître Robert le Bougre. Sa thèse, on le voit, ne repose sur
aucune base sérieuse. D'ailleurs, comment admettre que l'an-
cien inquisiteur général *in regno Franciae* soit redescendu si
vite au rang de simple moine? N'oublions pas en effet que
le frère Robert assassiné à Toulouse était un aide de l'inquisition.

Seule, la thèse de Matthieu Paris est catégorique et con-
cluante. Elle manque toutefois de vraisemblance et c'est ce qui
explique l'empressement qu'on a mis à la combattre. Qu'on se

---

1) Ripoll, t. I, p. 81, note.

2) *Sancti Belgii*, etc., p. 272-273. P. Fredericq, p. 111-112, note.

3) La légende a fait de ces six martyrs des *céphalophores*, au même
titre que St-Denis et cent autres. Voir sur l'origine des légendes de ce
genre, le Père De Smedt, S-J, *Principes de la critique historique*, p. 191,
et le P. Cahier, cité *ibidem*.

4) *Annales*, t. I, p. 490. Copié par Percin, t. I, p. 209.

rappelle, en effet, l'attitude de Grégoire IX à la nouvelle des excès commis par l'inquisiteur d'Allemagne, Conrad de Marbourg, excès qui soulevaient l'indignation des clercs aussi bien que des laïcs et à la suite desquels il fut assassiné à Marbourg en 1233. Le pape regretta de lui avoir donné tant de pouvoir; mais en même temps il excommunia ses meurtriers et fit en termes pompeux l'éloge de Conrad, qu'il appela *Ecclesiae paranymphus, minister lucis* [1].

Ce qui peut plaider en faveur de la thèse de Matthieu Paris, c'est que l'âge de Grégoire IX (en 1239 il avait déjà 92 ans) pouvait avoir amené des changements profonds dans son tempérament et que l'enthousiasme aveugle qu'il avait encore eu pour Conrad six ans auparavant, pouvait avoir fait place pour une meilleure conception de la justice, lorsqu'il se trouva en face d'un second inquisiteur aussi coupable que le premier. Le fanatisme immodéré et inconsidéré de ces moines pouvait faire trop de tort à l'inquisition papale naissante. Grégoire IX l'a probablement compris et peut-être n'a-t-il pas hésité à donner un éclatant exemple de sa sévère justice en frappant celui dont il se plaisait à dire en 1235 que tous les hérétiques tremblaient au son du cor de ce terrible chasseur [2], que le peuple appelait le « marteau des hérétiques » (*malleus haereticorum*) [3].

Ces considérations jointes au ton catégorique du chroniqueur anglais, qui en général est fort bien informé, nous permettent de conclure à l'authenticité de la version de Matthieu Paris relative aux dernières années de notre inquisiteur.

Quand mourut Robert ? Nous l'ignorons absolument. Tout au plus pouvons-nous fixer approximativement l'année où il cessa ses persécutions et où commença sa détention. Nous lisons dans la chronique de Saint-Médard de Sois-

---

1) Voir C. Schmidt, t. I, 378 et les sources citées *ibidem*.

2) Ripoll, t. I, p. 80, n° 138. Cf. P. Fredericq, p. 100, note.

3) Matthieu Paris (P. Fredericq, p. 97). — D'autres inquisiteurs ont aussi reçu ce surnom. Cf. Schmidt, t. I, p. 323.

sons [1] que Robert sévissait en Gaule en 1236, ainsi que trois années auparavant (ce qui est exact) et cinq années ou même davantage après. En conséquence il aurait terminé sa carrière d'inquisiteur vers 1241.

Nous ne pouvons préciser rien de plus quant aux dernières années de la vie du premier inquisiteur général en France.

On a pu voir, par ce qui précède, que nous avons relevé beaucoup de petites inexactitudes chez nos devanciers. Dans de grands et surtout d'excellents travaux comme le sont les leurs, elles peuvent déparer un peu, mais elles sont excusables et dans tous les cas, l'ombre minuscule qu'elles jettent, ne parvient pas à noircir ces beaux tableaux.

Outre ce léger tribut payé à la vérité historique, nos recherches auront fourni une contribution nouvelle à l'histoire de l'Église. Elles nous auront permis également de rectifier le texte de deux vers de Philippe Mousket, qu'on lira désormais :

Robiert et Mahiu de Lauvin (vers 28890)

et

Neuf xx et iij en i ot ars (vers 30529),

ainsi que de compléter les régestes de Grégoire IX publiés par Potthast, par l'indication des bulles perdues, dont nous avons trouvé des traces dans les documents parvenus jusqu'à nous, et qu'on n'aura peut-être jamais le bonheur de retrouver.

A ces divers points de vue, nous osons croire que la présente monographie ne sera pas sans avoir fourni quelques résultats utiles.

---

1) MG, SS, t. XXIV, p. 522.

EXCURSUS I.

Albéric de Trois-Fontaines nous rapporte que des hérétiques furent *inclusi* à Cambrai. Mousket nous parle, d'autre part, de gens *enmurés* à Douai, ainsi qu'à Ascq, Lers et Toufflers. Enfin Matthieu Paris raconte que Robert, pendant sa tournée dans le nord, fit enterrer vivants (*vivos sepeliri*) un certain nombre d'individus.

Nous sommes fondés à croire que ces trois termes sont synonymes et désignent un genre spécial d'emprisonnement.

Inclusi = *reclusi*, dit Du Cange, c'est-à-dire « emprisonné à la manière des reclus », lesquels n'avaient d'autre communication avec l'extérieur qu'un trou, par où entrait l'air et par où la charité publique leur passait des aliments.

Enmurer ne signifie pas : « maçonner dans un mur », comme on serait tenté de le croire. Ce vers de Mousket le démontre clairement :

> Et si en fist on enmurer
> Pour repentir et pour durer [1].

« *Emmurer* = enfermer ; *enmurer* = emprisonner », dit La Curne de Sainte-Palaye, qui établit ainsi entre ces deux mots une différence toute gratuite. Nous croyons aussi que *emprisonner* ou *enfermer* ne rend pas exactement le vieux mot français *enmurer* et qu'il faut entendre par là: « Mettre quelqu'un dans une prison dont on mure la porte en ne laissant de libre qu'une petite ouverture ». Sinon, comment comprendre la phrase suivante citée comme exemple par La Curne de Sainte-Palaye: « La menacoit de lemmurer *et* tenir en prison toute sa vie » ? (Matthieu de Coucy, *Histoire de Charles VII*, p. 567.)

Quant au *vivos sepeliri* de Matthieu Paris, c'est là un terme un peu exagéré pour désigner un genre de châtiment qu'il ne savait commodément rendre en latin. Ces *enterrés vivants* sont les mêmes que les *inclusi* d'Albéric et les *enmurés* de Mousket. Que l'on songe d'ailleurs au mot italien actuel : *sepolte vivi*.

---

[1] Vers 28986-28987.

EXCURSUS II.

Parmi les vers consacrés par Mousket à la tournée du frère Robert dans le nord de la France, les suivants méritent encore un mot d'explication (v. 28972-28979) :

> Cil ki furent pris aval tiere
> Estoient catier apiele,
> Pour ce quils avoient revele
> Cil ki furent ars a Cambrai
> Et a Pieronne et a Douwai
> Et aillours par frere Robiert
> Ars en poure tout en apiert,
> Si estoient Bougre nomme
> De fause loi prins et prouve.

On trouve dans les derniers vers une nouvelle confirmation de l'application de l'épithète « Bougres » aux hérétiques du moyen âge [1].

Par les « Catiers » désignés par les premiers vers, il faut entendre les hérétiques de la Frise (*Stedingers*), dont Mousket a parlé beaucoup plus haut dans sa chronique (v. 28235) et auxquels le frère Robert n'a jamais eu affaire. « Aval tiere » est une des dénominations des Pays-Bas au moyen âge.

Mousket semble vouloir donner une étymologie du mot *Catier* aux vers 28212-28213, où, racontant les pratiques de ces hérétiques, il nous les représente se réunissant dans des caves où ils rendaient un culte au diable sous la forme d'un chat :

> . . . et la siervoient
> Lanemi en wise de kat,

et se livraient ensuite à des plaisirs charnels. Nous nous trouvons ici en présence d'une des nombreuses légendes créées par une imagination fertile, avide de pénétrer des mystères qui l'intriguent. Nous y trouvons également une de ces éty-

---

1) Voir plus haut, p. 7, note 3.

mologies fantaisistes inventées après coup pour expliquer le sens d'un mot dont l'origine échappe aux gens d'une certaine époque.

Catiers n'est rien d'autre qu'une corruption du mot *Cathari* (καθαροί), dont nous avons donné plus haut l'explication. Il en est de même du mot *Gazari,* qui sert également à désigner les hérétiques au moyen âge.

RÉGESTES DE ROBERT LE BOUGRE.

Vers 1215. . .	Robert devient Cathare à Milan.
Vers 1232. . .	Il abjure ses erreurs et se fait dominicain.
Vers 1232. . .	Bulle de Grégoire IX chargeant le prieur des dominicains de Besançon et les frères Wallerius et Robert de l'inquisition en Bourgogne (*perdue*).
1233	Bulle du pape à Saint-Louis, lui recommandant Étienne, prieur de Cluny, et Robert pour combattre l'hérésie à La Charité-sur-Loire (*perdue*).
1233	Robert prêche à La Charité. Effets de ses sermons.
1233	Lettre de Robert au pape à ce sujet (*perdue*).
1233, avril 13. .	Bulle du pape au prieur des dominicains en France, le chargeant de nommer des inquisiteurs en France et dans les provinces voisines (*perdue*).
1233, avril 13. .	Bulle du pape aux évêques de France pour leur communiquer cet ordre.
1233, avril 19. .	Bulle du pape à Robert le chargeant de l'inquisition à La Charité et dans les régions voisines.
1233	Robert brûle des hérétiques à La Charité.
1233	Lettres de protestation des archevêques de Sens et de Reims contre le pouvoir donné à Robert (*perdues*).
1234, février 1 .	Bulle du pape à l'archevêque de Reims, par laquelle il révoque sa bulle au prieur.
1234, février 4 .	Bulle identique à l'archevêque de Sens.
1234, février (?) .	Bulle du pape à Robert et ses *socii*, leur enjoignant de cesser leurs poursuites (*perdue*).
1235, août 21. .	Bulle du pape au prieur le chargeant à nouveau de désigner des inquisiteurs en France.

1235, août 22. . .	Bulle du pape à l'archevêque de Sens (et probablement aussi à celui de Reims et à tous ceux de France), le chargeant d'aider Robert à réprimer l'hérésie dans son diocèse.
1235, août 23. . .	Bulle du pape à Robert le nommant inquisiteur général en France.
1235	A Châlons-sur-Marne Robert fait brûler des hérétiques.
1235 ou 1236 . . .	A Péronne il en fait brûler neuf.
1235 ou 1236 . . .	A Élincourt il fait brûler quatre seigneurs.
1236, février 17 .	A Cambrai, il fait brûler une sorcière et une vingtaine d'autres hérétiques. Dix-huit sont condamnés à la réclusion perpétuelle. Trois femmes se convertissent
1236, mars 2. . .	A Douai il fait brûler dix vieillards. Quelques hérétiques sont convertis. D'autres sont condamnés à la réclusion perpétuelle.
1236	A Lille, Ascq, Lers et Toufflers, il fait brûler et emprisonner un certain nombre d'hérétiques, surtout des marchands.
. . . .	Dans le diocèse d'Arras il excommunie Hukedieu contumace.
1238	En Flandre il fait brûler des hérétiques usuriers.
1239, mai 13. . .	A Mont-Wimer il fait brûler 183 hérétiques.
. . . .	Robert est destitué par Grégoire IX.
Vers 1241. . . .	Le pape le condamne à la détention perpétuelle.